LOS 4 PILARES
DEL GERENTE
COACH DE VENTAS

LOS 4 PILARES DEL GERENTE COACH DE VENTAS

Óscar Albarrán Beltrán

Para realizar pedidos de este libro, contacte con:
Palibrio
1663 Liberty Drive
Suite 200
Bloomington, IN 47403
Gratis desde EE. UU. al 877.407.5847
Gratis desde México al 01.800.288.2243
Gratis desde España al 900.866.949
Desde otro país al +1.812.671.9757
Fax: 01.812.355.1576
ventas@palibrio.com
754138

ÍNDICE

Agradecimientos

Espero no pasar por alto nadie, es mi segunda obra con un tema técnico-laboral-comercial, espero que no sea la última, quiero agradecer a la vida y todo lo que me ha regalado al día de hoy, a mis Padres por cuidarme, alimentarme y darme un buen ejemplo de vida, a todos mis amigos en todos los ámbitos en que me he desarrollado, como la escuela, el barrio, en mis diferentes trabajos, en "El Olimpo", a todos mis Maestros, les aseguro que de cada uno he aprendido algo que me ha servido en esta vida.

Introducción

Un Gerente Coach de Ventas **se enfoca en incrementar la participación de mercado de su empresa al mismo tiempo que las utilidades de la misma**, todo esto a través del éxito de su equipo de ventas y la participación y colaboración de todos las áreas de soporte, liderando a su equipo de ventas en y para hacer negocios y relaciones sustentables entre todos los involucrados; clientes, empresa y los mismos vendedores.

Para lograr esta ambiciosa y retadora meta es fundamental conocer y entender las variables clave en las cuales se debe concentrar y trabajar, tanto al interior de la empresa como frente al mercado en el cual se desempeña. Mi propuesta, después de más de 26 años de experiencia, es que nos concentremos en 4 Pialares.

- **Ciclo de compras y sistema de ventas.**
- **Administración estratégica de ventas.**
- **Trabajo en equipo.**
- **Coaching de ventas.**

Para convertirte en un Gerente Coach de ventas debes profundizar en estos 4 pilares-temas, estos incluyen variables y herramientas que podrás usar tanto al interior de tu empresa como frente a clientes, competidores y, muy importante, tu equipo de ventas, el conocimiento y aplicación diaria de éstas te ayudará a convertirte en la punta de lanza y el gran generador de utilidades para tu organización, entenderás y lograras hacer entender a tu organización que el área de ventas no es la más importante pero si es determinante para la sobrevivencia y desarrollo de la empresa, te ayudará a que todas las áreas de soporte como: contabilidad y finanzas, marketing, compras, servicio al cliente, servicio técnico, almacén-entregas, calidad, RH, etc. estén alineadas al sistema y ciclo de ventas, por lo cual el trabajo en equipo dentro y fuera de la empresa será fundamental, y de ahí la importancia de desarrollar las habilidades de comunicación a lo largo y ancho de la empresa, no solo dentro del área de ventas, también te servirán para desarrollar tus habilidades de liderazgo que podrás aplicar no solo para tu equipo de ventas pero para toda tu organización, partiendo de ser un buen administrador de tus actividades en el tiempo, entendiendo que para lograr resultados a través de otros debes ser no solo buen gerente pero más bien un excelente líder, que incluye ser un buen entrenador, mentor, coach y guía dependiendo de las tareas y las personas en cuestión, al final podrás entender cuando y como aplicar tus habilidades y herramientas de liderazgo para ser más efectivo en el camino del éxito.

Al profundizar en estos 4 pilares te desarrollaras no solo para llegar a ser un buen Gerente Coach de ventas pero también un buen generador de negocios, que realmente es un nivel superior a solo hablar de ventas.

Te sugiero que antes de concentrarte en estos 4 pilares te asegures de que tus vendedores estén entrenados en lo que yo llamo "Los 4 Pilares del Vendedor Consultor", que son:

1. **Conoce tú producto y el de tus competidores.**
2. **Conoce tú mercado y a tu competencia.**
3. **Desarrolla tus habilidades de comunicación.**
4. **Administración efectiva de tus actividades en el tiempo.**

Una vez que tus vendedores ya tienen y aplican las herramientas necesarias para enfrentar al mercado y a la competencia como Vendedores Consultores, ahora lo que necesitas es darles el marco de referencia ayudándoles a entender el ciclo de ventas de tu mercado y definiendo e implementando el sistema de ventas de tu empresa, el cual debería estar lo más apegado posible al comportamiento natural del mercado en cuestión, es decir, a la manera de trabajar y tomar decisiones de éste, por supuesto que antes debes definir a que mercado te quieres enfocar y como lo quieres conquistar, tomando en cuenta todos tus recursos, desde tu producto, pasando por tus diferentes áreas de soporte y finalmente tu equipo de Vendedores Consultores, esta parte es a la que llamo administración estratégica de ventas, también debes afinar la comunicación entre las diferentes áreas de la empresa y tu equipo de ventas y la de éste con tus clientes, aquí entra la parte de trabajo en equipo interna y externa, que tiene como competencia clave la comunicación y, finalmente, si lo anterior ya está funcionando puedes llagar a la parte de "Coachear" a tu equipo para llevarlo al más alto nivel de desarrollo y resultados, aquí es importante no perder de vista las diferencias entre los conceptos entrenamiento, mentoring y coaching que veremos en el capítulo correspondiente.

No es una tarea fácil, pero estoy seguro de que con las herramientas que te comparto en esta obra y tu esfuerzo y disposición, además de la diaria aplicación de lo aprendido, se te facilitará el camino para convertirte en un Gerente Coach exitoso, ojala que la disfrutes.

Capítulo I

Los 4 pilares del vendedor consultor:

Como primer capítulo quiero incluir un resumen de mi primer obra "Los 4 pilares del vendedor consultor", pues no quiero asumir que se tiene contemplada esta parte dentro de tu organización, pues sería muy complicado querer trabajar e implementar las recomendaciones de "Los 4 Pilares Del Gerente Coach De Ventas" si tu equipo comercial y tu organización no han implementado estas primeras y básicas recomendaciones.

Me limitare a incluir mi definición de ventas consultivas y el resumen y herramientas de los temas expuestos en "Los 4 pilares del vendedor consultor"

Ventas consultivas

Al hablar de ventas consultivas, estimado colega, seguramente te surgirá de inmediato una contradicción, sobre todo si has estado enfocado y educado a vender de menara tradicional o transaccional, es decir, si hasta ahora has tratado de venderle a tus clientes y prospectos por la vía del esfuerzo físico-psicológico-verbal para **CONVENCERLOS DE QUE TE COMPREN.** Aquí radica la contradicción; tradicionalmente se piensa que el vendedor debe convencer a su prospecto o cliente para que le compre el producto o servicio en cuestión, este es el método de venta transaccional y/o para productos tipo estándar o comodity, sin embargo, cuando hablamos de ventas consultivas, el trabajo del vendedor, al cual llamare en este obra **"VENDEDOR CONSULTOR"** se enfoca en asesorar y ayudar a su prospecto o cliente a tomar la mejor decisión de compra, la mejor decisión de negocio o el mejor aprovechamiento de los recursos disponibles, ya sean propios o de la empresa para la cual trabaja, así pues, pasamos de la acción de vender a las acciones de asesorar, ayudar y dar consulta, de ayudar a comprar mejor, veamos las definiciones generales:

Vender: Transferir la propiedad de algo, o prestar un servicio a cambio de un precio o pago, como puedes ver, es lo opuesto a la acción de comprar.

Asesorar: Dar consejo o dictamen en materia de cierta dificultad.

Ayudar: Cooperar, colaborar.

Consultar: Pedir una opinión o consejo sobre un asunto.

Así pues, definitivamente no queremos hacer algo opuesto o antagónico a la labor de nuestros principales contactos o interlocutores, los compradores, más bien lo que queremos es ayudarles a hacer mejor su trabajo, entonces deberíamos empezar por llamarnos a nosotros mismo **Asesores de compras o Consultores de compras o simplemente Asesores o Consultores**

del tema acorde a los productos, tecnologías o servicios que ofrecemos.

Si alguno de Ustedes ha comprado algún seguro de vida, salud, auto o casa últimamente, tal vez recuerden que en la tarjeta de su **"Agente de Seguros"** se incluye el título **"Asesor Patrimonial"**, bueno, es precisamente de lo que estamos hablando, a todos nosotros probablemente nos guste más hablar y pedir consejo a un Asesor patrimonial cuando queremos invertir en nuestra protección, ya sea personal o de nuestros bienes, y no tanto que nos visite un Vendedor de Seguros, cierto? Personalmente, como vendedor que soy, siempre he admirado a las personas que se dedican a vender seguros, pues para hacerte invertir en algo que no quieres usar o que, en algunos casos, no disfrutaras tu personalmente, realmente deben prepararse muy bien y ayudarte a ver los beneficios y tomar decisiones de inversión y protección en asuntos en donde la mayoría de las personas ni siquiera quieren hablar del tema.

Dicho lo anterior, si queremos ser más efectivos; eficaces y eficientes, en nuestro trabajo como vendedores, debemos convertirnos en ayudantes, asesores y consultores de nuestros clientes y prospectos, debemos ganarnos su confianza, primero interesándonos de manera genuina en su trabajo y situaciones a resolver o mejorar y demostrando nuestra capacidad en el tema, producto y mercado en cuestión, para que nos puedan compartir la mayor cantidad de información, de tal manera que nos permita entender mejor su situación actual y la deseada para tener la certeza de que les haremos la propuesta que les ayude a tomar la mejor decisión para cumplir sus objetivos o mejorar su situación.

Si queremos pasar de ser vendedores a consultores, debemos estudiar y prepararnos en diferentes temas que iremos revisando juntos a lo largo de esta obra, estudios recientes nos dicen que lo que más valoran los compradores al considerar o no a un nuevo proveedor es:

1.- La confianza que les genere o no el proveedor o vendedor.

2.- El interés genuino que muestre el proveedor o vendedor en conocer y entender su negocio y necesidades.

Como asesores y/o consultores, para generar y ganar confianza debemos mostrar capacidad y dominio del producto y del mercado en cuestión, para evidenciar nuestro interés en el negocio del prospecto o cliente, debemos hacer nuestra tarea de investigación, antes, durante y posterior a las entrevistas iníciales, haciendo preguntas de alto impacto e involucramiento y asegurándonos de ir entendiendo los detalles y, sobre todo, las principales preocupaciones de nuestro interlocutor, para esto, es altamente recomendable practicar la escucha empática, que revisaremos en el capítulo de comunicación, y tomar la mayor cantidad de notas posible, además de confirmar todos los datos y situaciones usando la técnica de parafrasear a nuestro interlocutor, estas dos técnicas; tomar notas y confirmar parafraseando, son de las herramientas más importantes para mostrar verdadero interés en nuestro cliente y, además, son pieza clave para elaborar una o varias propuestas de alto valor para ellos.

Resumen y herramientas de "Los 4 pilares del vendedor consultor"

1.- Conoce tú producto y el de tus competidores.

- Revisa, entiende y apréndete o ten siempre a la mano datos relevantes de la historia de tu producto.
- Elabora tu tabla de características Vs. beneficios, tanto en general como en particular por lo menos para tus principales clientes, también tenla a la mano siempre.

Ejemplo:

Producto: Bicicleta.

Característica	Beneficio
Canastilla delantera con capacidad para 2 pies cúbicos	Puede cargar de manera segura un portafolios, la bolsa del súper, una mascota pequeña, etc.
Cuadro de aluminio.	Bajo peso que permite cargarla para guardarla en el patio de servicio, subir escaleras, etc. solo pesa 8 kg!
Manubrio de dos posiciones.	Máxima comodidad de manejo, en velocidad alta y baja.
Doble maza de engranes para 10 velocidades.	Fácil adaptación de velocidad en bajadas y subidas, sin ser experto en bicicletas.
Tornillo de ajuste de altura del asiento.	Asiento ajustable a diferentes alturas para máxima comodidad y seguridad de manejo.

- **Clasifica a tu producto; dentro de la pirámide de necesidades, como comodity o especialidad, como estándar o hecho a la medida o como low end o high end.**

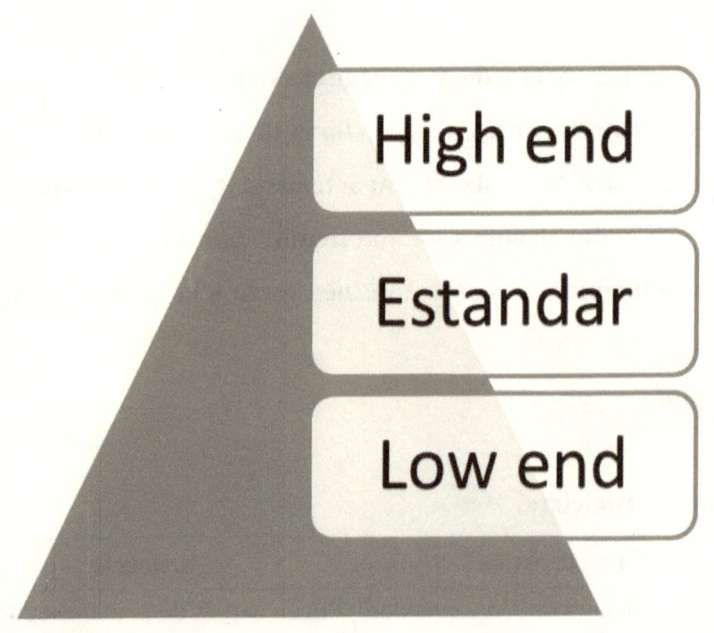

- **Elabora la ecuación de valor agregado de tu producto.**

$$VA = PP - CP$$

- **VA = Valor agregado**
- **PP = Precio del producto**
- **CP = Costo del producto**

2.- Conoce tú mercado y a tu competencia.

- Identifica el tipo de mercado en donde participas:

  Mercado de consumo (B2C)

  Mercado de empresas (B2B y B2B2C)

  Mercado gubernamental (B2G)

- Investiga el tamaño de mercado y tu participación de mercado, tan segmentado como te sea posible.

Ejemplo:

Participación de mercado

Nivel de sofisticación	Mi empresa	Competidor A	Competidor B	Competidor C	Otros	Total $
High End	25%	**30%**	18%	14%	13%	$500.00
$	$125.00	**$150.00**	$90.00	$70.00	$65.00	
Estándar	**45%**	10%	30%	10%	5%	$700.00
$	**$315.00**	$70.00	$210.00	$70.00	$35.00	
Low End	10%	0%	10%	**60%**	20%	$300.00
$	$30.00	$0.00	$30.00	**$180.00**	$60.00	
Total $	$470.00	$220.00	$330.00	$320.00	$160.00	$1,500.00
%	31.3%	14.7%	22.0%	21.3%	10.7%	100%

De esta matriz podemos obtener:

Tamaño de mercado = $ 1,500.00

Segmentos de mercado por sofisticación:

High end = 33.3 % = $ 500.00

Estandar = 41.7 % = $ 700.00

Low end = 25.0 % = $ 300.00

Mi empresa es líder del mercado con una participación total de 31 % y ventas de $ 470.00, además mi empresa domina el segmento Estándar con 45 % de participación y ventas de $ 315.00

- **Elabora tu análisis SWOT o FODA y el de tus competidores, actualízalo al menos cada año.**

Ejemplo:

Strenghts = Fortalezas:	**Opportunities = Oportunidades:**
• Fabricación local. • Tiempos de respuesta más rápidos que la competencia. • Soporte técnico en todo el país. • Desarrollo de productos a la medida.	• Crecimiento del mercado local. • Estabilidad de economía local. • Crecimiento de la economía en la región.
Weakness = Debilidades:	**Threads = Amenazas:**
• Dependencia de insumos importados. • Falta de experiencia en logística. • Falta de financiamiento	• Entrada de productos Chinos. • Nuevos fabricantes locales. • Cambios de hábitos en los consumidores.

3.- Desarrolla tus habilidades de comunicación.

Leyes o máximas de la comunicación:

- **La comunicación es inevitable.**
- **La comunicación efectiva parte de la escucha activa o escucha empática.**

- El nivel emocional de la comunicación condiciona el nivel racional.
- La responsabilidad de la comunicación es del emisor no del receptor.
- El mensaje real es el que recibe el receptor no el que manda el emisor.

Características de un equipo de alto desempeño:

- Hay plena confianza entre sus integrantes.
- No hay miedo a enfrentar y resolver conflictos.
- No hay miedo a la vulnerabilidad entre ningún miembro del equipo.
- Todos son responsables.
- Todos se enfocan al resultado del equipo no a su propio resultado.

Negociación:

- En la vida y en los negocios uno no obtiene lo que merece pero lo que negocia.
- Siempre estas negociando aunque tú no seas consciente de ello.
- El mensaje debe ser: "CCCC": Corto, claro, concreto y cierto (verdadero).
- Recuerda confirmar acuerdos con acciones "www": What, when y who.

- Recuerda hacer tu lista de preguntas clave, tanto abiertas como cerradas; de indagación, de confirmación, de desafío, personales, de tarea, etc. antes de cada entrevista, luego ir con la idea de escuchar, escuchar, escuchar y anotar, para de ahí armar tu mejor propuesta de valor.

4.- Administración efectiva de tus actividades en el tiempo.

No olvides implementar tu agenda de trabajo y personalizarla con:

- Misión
- Visión
- Valores

Clasifica y prioriza tus actividades, concéntrate en el 80/20.

Si empiezas por hacer lo más importante cada día, no te preocupes por lo que dejaste de hacer, tus resultados te darán la razón.

Tus metas deben ser escritas de tu puño y letra, así las empiezas a hacer realidad.

Capitulo II

Pilar I: Ciclo de Compra y Sistema de Ventas.

El ciclo de compras es la serie de pasos o etapas típicas y/o comunes para todos los participantes de la industria específica por las que normalmente pasa la interacción entre tus vendedores y prospectos para que estos últimos se conviertan en tus nuevos clientes. Es muy importante que conozcan y entiendas estas etapas y sus particularidades pues de aquí se desprende que puedas interactuar de la manera más ágil y fluida con tus prospectos y clientes, tus políticas de ventas, de servicio, financieras, etc. no deberían ir en contra del comportamiento normal de tu mercado; por ejemplo: si las empresas del mercado normalmente compran a crédito, tus políticas de finanzas; crédito y cobranza, deben contemplar el otorgamiento ágil de líneas de crédito para todos tus clientes. Si las empresas componentes de tu mercado valoran los descuentos por volumen de compra, tu política de ventas debería contener un esquema de precios en el cual se otorguen descuentos por comprar de volumen, etc.

Cada industria y nicho de mercado tiene sus particularidades y es fundamental para tu desempeño y resultados conocer estas particularidades a detalle y, mejor aún, buscar innovar para aumentar tu alineación con tus clientes y prospectos, acuérdate que solo ellos deciden que tiene valor en la interacción con el proveedor.

Es común, y seguramente te ha tocado vivirlo, que alguien en la empresa argumente que "las políticas de la empresa" no te permiten hacer tal o cual cosa para atender a tu cliente o cerrar un nuevo trato o contrato, cuando estas "políticas de la empresa" deberían facilitarte hacer más y mejores negocios con tus clientes y prospectos.

Algo que debes revisar de inmediato, son las políticas actuales de tu empresa, debes confirmar que estas te estén facilitando la interacción diaria con tus clientes y la conquista de nuevos clientes, estas deben facilitar y no complicar esta interacción, si tienes personal exclusivo para vigilar y administrar "las políticas de la empresa" esto puede ser un foco rojo pues está aumentando la carga y costo administrativo de tu operación, lo cual en automático está reduciendo tu margen de ganancia, lo cual también te quita margen de negociación frente a tus clientes y competidores.

Entonces, colega, ojo con este ciclo de compra de la industria o segmento en que estés participando, revísalo, entiéndelo y cuestiónate si estas alineado o no, de aquí depende gran parte de tu efectividad al interactuar en este mercado.

Tu **Sistema de Ventas** debe tomar como base el ciclo de compra del mercado en el que participas, mi recomendación es que lo inicies con la definición de prospecto y lo termines con la etapa de recomendación solicitada a tu nuevo cliente satisfecho, este sistema de ventas tendrá muchos puntos en común con el ciclo de compra de tu mercado, la idea es que lo personalices lo más posible y que lo definas de acuerdo a la cultura actual y futura de tu empresa, de ahí seguramente se derivara la estructura necesaria para la ejecución exitosa de tu estrategia de negocios.

En la elaboración de tu sistema de ventas debes considerar no solo la cultura actual y futura de tu empresa, pero también la estructura, recursos, base actual y futura de clientes y capacidad de producción y servicio actuales y futuros, en estas variables, cuando hablo de futuro me refiero a un periodo de 1 a 3 años, pues es el alcance de corto y mediano plazo que puede tener tu estrategia de negocios y el alcance de las acciones estratégicas que implementes hoy.

Recuerda que tu sistema de ventas es único y especifico de tu empresa, puedes revisar otros sistemas de ventas de otras empresas y entender por qué los crearon de tal o cual forma, sin embargo, por favor no trates de copiar ningún sistema de ventas de otra empresa pues estarás destinando al fracaso o un desempeño pobre a tu área de ventas y a tu empresa, si puedes usar herramientas puntuales que hayan probado su efectividad, sin embargo el sistema completo debe ser único y especifico de tu empresa y del momento que está viviendo, así como de las metas que estás buscando en el corto, mediano y largo plazo.

Tu sistema de ventas será, entonces, la serie de acciones que quieres que tu organización ejecute en cada etapa o paso del ciclo de compra, no solo el área comercial a tu cargo pero también las áreas de soporte, para detectar prospectos, desarrollarlos y convertirlos en nuevos clientes, también podrás aplicar tu sistema a la detección de nuevos proyectos y/o aplicaciones de tu producto-servicio dentro de tu cartera de clientes cautivos, mi recomendación es que lo diseñes tomando en cuenta las buenas practicas y/o historias de éxito que ya tiene tu organización y, muy importante, tomando en cuenta tus recursos actuales y futuros o deseados, tu mercado real, tu competencia y, desde luego tu producto clasificado como comodity o especial, high end o low end.

Entre más claro tengas el "Ciclo de Compra" también te será más fácil definir tu "Sistema de Ventas, el sistema de ventas deberá tomar en cuenta también tu visión, misión, valores y recursos, los cuales son únicos e irrepetibles, tu sistema de ventas es la secuencia de pasos o etapas por lo que debes pasar para tener más clientes y más negocios con clientes cautivos y contiene lo que vas a hacer en cada paso, con tu equipo de ventas y las áreas de soporte, además de las herramientas y recursos disponibles en cada paso o etapa para llegar más rápido al objetivo, una vez que los tienes definidos e incorporados a la cultura de tu organización, te debes asegurar de que sean parte del entrenamiento inductivo y de actualización regular en toda la organización, atención con esto, propongo que sea en toda la organización porque es importante que todas las áreas conozcan estas dos partes claves de la empresa; ciclo de compra y sistema de ventas, pues así será más fácil la comunicación, coordinación y trabajo en equipo al interior y exterior de la empresa para el logro de los objetivos.

Ejemplo de ciclo de compra:

Tomemos como ejemplo el caso de una empresa que compra servicios de capacitación en diversos temas.

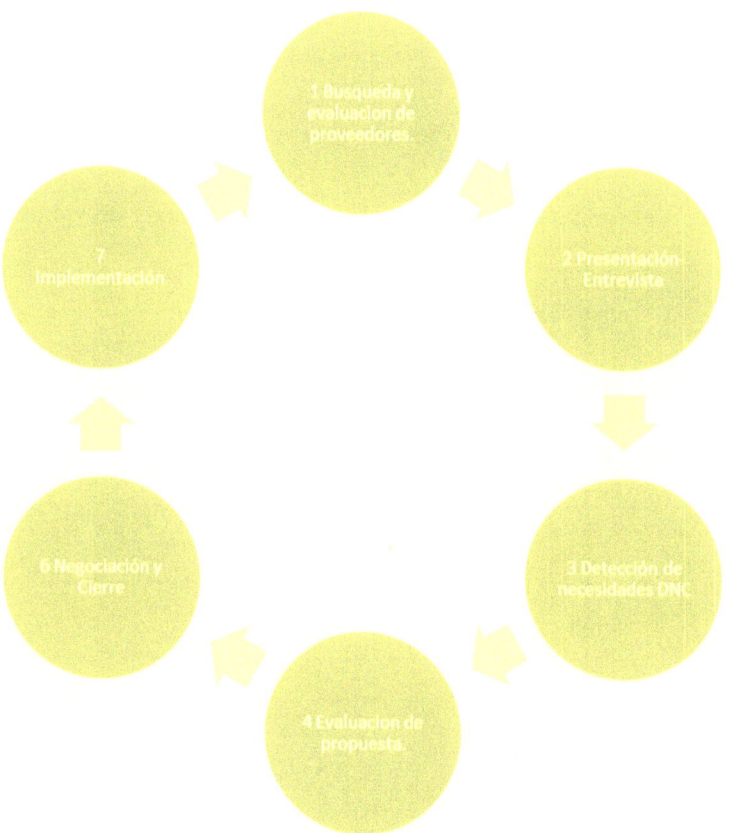

El ciclo de compra descrito en el diagrama de arriba parece una secuencia lógica para este tipo de servicio, vamos a suponer que así es y que tu empresa lo quiere usar como base para diseñar su sistema de ventas.

Para desarrollar tu sistema de ventas te recomiendo usar la siguiente modelo:

Etapa del ciclo de compra	Acciones	Herramientas	Responsables
1			
2			

Si desarrollamos el modelo quedaría como sigue:

Etapa del ciclo de ventas	Acciones	Herramientas	Responsables
1 Prospección.	•	•	•
2 Presentación- Entrevista.	•	•	•
3 DNC.	•	•	•
4 Desarrollo de la propuesta de valor.	•	•	•
5 Presentación de la propuesta de valor.	•	•	•
6 Negociación y cierre.	•	•	•
7 Implementación.	•	•	•
8 Solicitud del siguiente programa y/o recomendación.	•	•	•

Si desarrollamos el paso uno siguiendo este modelo tendremos:

Etapa del ciclo de ventas	Acciones	Herramientas	Responsables
1 Prospección.	• Definir el perfil del prospecto. • Realizar acciones específicas de marketing para contactar prospectos.	• Análisis y definición de prospecto ideal. • Elaboración de USP. • Definición de medios de publicidad y promoción.	• Marketing con apoyo de ventas. • Ventas con apoyo de marketing. • Marketing con BoVo de ventas.

Como podemos ver en el desarrollo de la primera etapa, hay diferentes acciones específicas que se deben llevar a cabo con la ayuda de herramientas específicas, además también tenemos definidos a los responsables de la ejecución y estos no solo pertenecen al área comercial pero pueden ser parte de otras áreas de la empresa.

Cada una de las etapas se debe desarrollar de manera similar y al hacer esto te darás cuenta de la cantidad de acciones, herramientas y participantes que necesitan interactuar, lo más importante en este punto, insisto, es que tu definas las acciones, desarrolles o adaptes las herramientas y definas a los responsables de usarlas para ser exitoso en cada etapa de tu sistema de ventas, un punto clave que no debe faltar en tu sistema de ventas es el tiempo que se debe invertir en cada etapa, pues de aquí podrás estimar tiempos de desarrollo y cierre de negocios y, como objetivo posterior querrás acortar dichos tiempos para, además de aumentar la eficacia de la empresa, también aumentar la eficiencia de la misma.

Todas las grandes empresas tienen su propio sistema de ventas, este es parte fundamental de la cultura y estructura de la misma y, por consiguiente, parte básica de los planes de inducción, capacitación y planes de carrera de la misma, el equipo gerencial apoyado por el área de RH se debe asegurar de que todos y cada uno de los colaboradores conozcan y entiendan el sistema de ventas de la empresa, por supuesto que los integrantes del equipo de ventas no solo deben conocerlo y entenderlo pero ser los expertos en la aplicación del mismo, pues son los usuarios clave de estos conceptos y herramientas.

Si tu aun no tienes tu propio sistema de ventas, mi recomendación es que propongas su creación de inmediato, convocando a todos los gerentes y a tus mejores vendedores a que participen en el proyecto, de esta manera también aseguras el éxito en la implementación, pues el proyecto tendrá muchos padrinos.

Dentro de tu cartera de clientes tienes o tendrás todo un espectro en temas de tamaño y rentabilidad, obviamente tendrás varios clientes que tu consideres claves, ya sea por el volumen de negocio o margen que te estén generando actualmente o que te podrían generar en el futuro cercano, a estos clientes es a los que conocemos como "Clientes Clave" o "Key Accounts" y con ellos te debes asegurar de estar aplicando tu sistema de ventas con la mayor dedicación posible, todos tus recursos deben estar aplicados y disponibles para estos clientes, tus mejores colaboradores, incluso los niveles gerenciales y tu director general deben conocer y estar relacionados con estos clientes para asegurar la mayor y mejor atención posible, la aplicación de tu sistema de ventas a estos clientes es lo que se conoce como tu sistema "KAM" Key account management, es decir, "Administración de Clientes Clave" y tus colaboradores del área comercial asignados como principales responsables de estos clientes son tus "KAM´s" "Key Account Managers".

Dentro de tu sistema de administración de clientes clave, KAM, te propongo que incluyas un sistema de administración de proyectos clave, KPM, es decir; Key Project Management, en el cual deberías estar aplicando una vez más tu sistema de ventas pero de manera puntual a cada proyecto, como si se tratar de el desarrollo de un cliente nuevo, solo que será aplicado no a la totalidad de tus contactos dentro de la organización de tu cliente clave, pero a los contactos actuales o nuevos que más influencia tengan sobre el proyecto en cuestión.

Además de clientes clave tendrás, en el otro extremo del espectro, a algunos que te generen muy poco margen y/o volumen de ventas, este tipo de clientes, independientemente de su tamaño, también te estarán demandando tiempo y recursos de la organización para su atención y mantenimiento, lo cual te llevara a tener una baja rentabilidad con ellos, en estos casos debes analizar muy bien si quieres mantenerlos en tu cartera o no, pues te podrían estar restando oportunidad de desarrollar a otros clientes más rentables, si tienes un canal de distribución le podrías estar delegando este tipo de clientes, otra opción es que se los asignes a un departamento de ventas internas o ventas telefónicas, en fin, el punto es que debes estar cuidando la rentabilidad que tienes no solo en el total del negocio pero también con cada cliente, incluso con tus clientes clave, esto para que te asegures de estar aplicando tus recursos de la manera más eficiente posible, lo cual te llevara no solo a tener el mejor volumen de ventas posible pero también la mejor rentabilidad posible en tu negocio, este es uno de los alcances que tiene la aplicación de tu sistema de ventas, podrías incluso generar un estado de resultados para los clientes clave o para proyectos clave, con el fin de asegurar la rentabilidad de estos.

La calidad de tus resultados y los de la empresa dependen de manera directa de la calidad en la ejecución de tu sistema de ventas, del control que tengan los encargados de ejecutarlo, los KPI's del área comercial y algunos de las áreas de soporte deben estar alineados con los diferentes pasos de tu sistema de ventas, dependiendo de tu estrategia de negocios del año en curso estos KPI's deberán tener un peso ponderado especifico que te ayude a concentrar los esfuerzos y recursos de la organización en la ejecución de esta, cuidando la eficacia y la eficiencia.

Si revisas con más detalle lo expuesto en este esté capitulo, puedes ver como gran parte de la cultura y la estructura de tu empresa debería estar directamente relacionada con tu sistema de ventas, en la medida en que tú y el equipo gerencial sean conscientes y responsables de esto, tendrán o no éxito en la implementación de la estrategia y logro de los objetivos de la empresa.

Una vez que se da la alineación entre la cultura-estructura de la empresa y el sistema de ventas y la estrategia a ejecutar, se debe buscar coherencia con todos los colaboradores, desde su selección, reclutamiento, capacitación, desarrollo y comunicación cotidiana.

Una de las principales tareas del equipo gerencial, después de haber definido la estrategia del año en curso, es asegurarse de que la organización conozca, entienda y aplique las herramientas seleccionadas para la ejecución de la misma, esto se lleva a cabo mediante un sistema de comunicación, entrenamiento y acompañamiento o Coaching, cada punto de este sistema es clave para una buena ejecución, de nada sirve tener una buena estrategia de negocios o un buen sistema de ventas, si no se tiene un sistema que asegure no solo la comunicación de estos, pero su comprensión e implementación en el día a día, esta última parte es donde más fallan las organizaciones, pues se asumen y/o suponen muchas cosas y al final la aplicación de la estrategia y/o el sistema de ventas se queda a medias en el mejor de los casos, en los capítulos de comunicación y Coaching abundaremos más en estos temas.

Entre más se domine el sistema de ventas especifico de la empresa, mayor probabilidad habrá de que esta pueda acortar el ciclo de compra de sus clientes y, por consecuencia, aumentar su participación de mercado y utilidades.

Una herramienta clave para dar seguimiento, día a día, de la aplicación de tu sistema de ventas, es lo que se conoce como "CRM", por sus siglas en inglés: "customer relationship management", que es la administración de la relación con tus clientes, y si actualizamos el concepto, deberíamos llamarle "sistema de seguimiento a la interacción y relación con clientes" y si queremos ser más estrictos y coherentes con los conceptos de ciclo de compras y sistema de ventas, deberíamos llamarle "herramienta para el seguimiento diario al sistema de ventas" pues al final lo que quieres es asegurarte de estar aplicando de manera puntual tu sistema a cada uno de los clientes, y entender en qué etapa del sistema esta cada uno y, más importante, que debes hacer para avanzar con cada uno, por lo anterior, el CRM es una herramienta clave y los principales usuarios y beneficiarios de esta herramienta son los vendedores, los ejecutivos de servicio al cliente, el equipo de marketing y cualquier miembro de la empresa que este directamente involucrado en mantener y crecer las ventas.

Hay muchos tipos de CRM en el mercado, el que más te conviene es aquel que mejor se adapte a tu sistema de ventas o, mejor aún, el que sea más flexible y que puedas adaptar al 100 % a tu sistema de ventas, es importante que desde ahora se quede claro que el CRM y tu sistema de ventas deben ayudar a tu organización a mantener y crecer el negocio, es decir, deben trabajar para tu organización y no al revés, porque desafortunadamente es común que veamos a organizaciones trabajando para un CRM sin que este sea realmente algo que les esté ayudando a vender más y mejor, un buen CRM le debe estar dando información a tus vendedores cada día, se debe convertir en la brújula que les indique si van por buen rumbo o que tanto y con quien deben corregirlo, incluso les debe decir que deben hacer para corregir dicho rumbo, hay algunos CRM's que incluyen un sistema de reporteo en forma de tableros de control, estos son los más útiles porque ya te dan esta brújula para cada uno de tus vendedores, si en tu empresa tienes un departamento de TIC con la capacidad de generar un CRM, asegúrate de que también puedan generar este sistema de reporteo diario tipo tablero de control pues es la forma en que todos los involucrados en el negocio podrán ver la utilidad y aplicación del sistema de ventas y tu CRM y con esto todos estarán más cómodos y motivados a aprender y utilizar dichas herramientas y conceptos.

Capítulo III

Pilar II Administración estratégica de ventas.

Una vez que están entendidos, por tu organización en general y por tu organización comercial en particular, tu producto, tu mercado, el ciclo de compras y tu sistema de ventas, entra la parte administrativa, la parte de tener bien definidos tus KPI´s y de tenerlos a la vista SIEMPRE y PARA TODO MUNDO, esta parte es tanto como asegurarte de que tus conductores no solo vean bien el camino que van a recorrer y tengan claro el destino final, pero además tengan unos buenos espejos laterales y retrovisores y, aquí viene lo interesante, el más avanzado GPS de negocios que puedas implementar, es precisamente el sistema de reporteo diario derivado de tu CRM en forma de tablero de control-GPS, con este sistema podrán ver los resultados y la tendencia del negocio, no cada trimestre ni cada mes, pero si cada día y cada semana para que todos y cada uno de los colaboradores tenga elementos suficientes para tomar decisiones y acciones www. que aseguren llegar a los resultados planeados de manera oportuna.

Antes de la parte de monitoreo de resultados, está la parte de planeación, que debe ser una planeación estratégica, es decir con cierta lógica y sentido que sean coherentes con la misión-visión-valores-propósito de tu empresa, además de que tome en cuenta los recursos disponibles.

Cualquier empresa puede caer en la tentación de tratar de venderle a todo tipo y tamaño de clientes y prospectos o, como decimos en México, "a todos los que se dejen", tal vez en algunos negocios y mercados específicos esto puede funcionar para arrancar el negocio, sin embargo, no en todos los negocios es una buena estrategia, pues habrá clientes a los que no te convenga venderles, ya sea por el tamaño de negocio que te pueden representar Vs el esfuerzo que tienes que hacer para atenderlos o por razones financieras, por ejemplo si se trata de clientes morosos, es decir, que no tienen la capacidad para pagarte en los plazos acordados, por esta y otras razones debes definir tus mercados meta o nichos de mercado meta de manera estratégica.

Debes tener claro a qué mercado o a que parte del mercado quieres atender, para esto, debes tener un conocimiento detallado del mismo, como ya lo vimos en el Capítulo I, debes conocer tu mercado para que hagas una buena estrategia de ventas. Ejemplo:

Vamos a pensar que la distribución de clientes en algún mercado X es como se ve en la figura 3, en donde podemos ver que hay 4 segmentos de mercado:

- Clientes A
- Clientes B
- Clientes C
- Clientes D

Por la distribución en la gráfica se ve que representan porciones iguales del mercado total conocido, es decir 25 % cada segmento de clientes, sin embargo al ir más a detalle, te darás cuenta de que:

- El número de clientes A es mucho menor que el número de clientes de los otros mercados.
- Los requerimientos de servicio y condiciones comerciales de los clientes A son mucho más agresivos que los de los otros segmentos.
- El 80 % de clientes A son clientes globales.
- El 20 % de clientes B son globales, el resto son empresas locales familiares (no institucionales).
- El 90 % de clientes C y D son PYMES locales.
- Los volúmenes de compra de los clientes A son mucho mayores que los de los otros segmentos.
- Los clientes C y D te pueden pagar de contado y recoger el producto en tu almacén.
- Etc.

Así iras entendiendo las diferencias y retos que hay que enfrentar con cada segmento de mercado y con cada mercado en general.

Entonces aquí viene lo interesante y el momento de decisión estratégica para ti y tu empresa, pues, para tener un mejor enfoque y ser más efectivo en tu operación, debes decidir y definir a que segmento o segmentos de tu mercado te vas a enfocar, incluso a que mercados, si es que tu productos o servicio puede tener aplicación y demanda en varios mercados, esta decisión se debe tomar en base a la visión-misión-valores-propósito y recursos disponibles de tu empresa

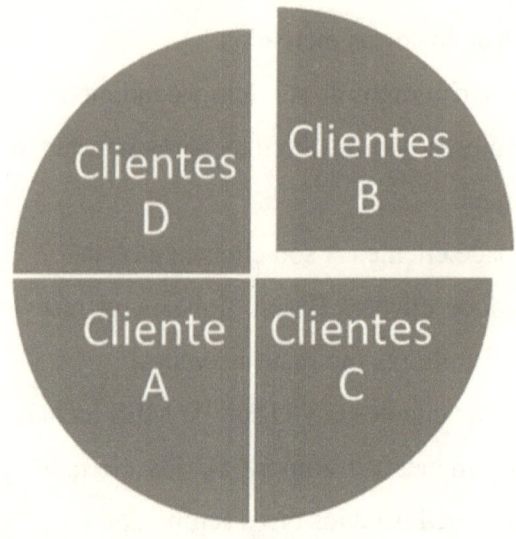

Figura 3: Distribución de segmentos de mercado.

Ojo. Cualquiera que sea tu decisión estratégica, no significa que le vas a negar la venta a cualquier cliente de otro segmento, claro que no! "Business is Business", como dirían nuestros vecinos del norte, lo que va a suceder es que a esos clientes que no son estratégicos les podrás vender pero con tus condiciones comerciales y de logística para no enfrentar los retos ni riesgos que no tienes considerados en tu estrategia, ejemplo: si tu decidiste no venderle a clientes A porque sus condiciones de pago son de 90 días y la logística de entrega es tan complicada que te representaría costos y gastos extras a tu operación habitual, pero de repente, por diferentes razones, algunos clientes A te llaman para hacerte pedidos, claro que les vas a cotizar y vender pero con tus condiciones comerciales y de logística, ejemplo: pago de contado y que ellos recojan el producto en tu almacén o que paguen el envió por su compañía fletera, seguro que se sentirán incomodos y hasta tal vez molestos, pero recuerda que atenderlos no es parte de tu estrategia, por las razones que tú hayas decidido, entonces estas ventas siempre se deben quedar fuera del presupuesto pues serán eventuales e inesperadas en cada periodo de tiempo.

Hablando de presupuesto, ahí empieza a materializarse tu estrategia, justo después de hacer el análisis de tu mercado-clientes actuales y futuros, es cuando elaboras tu presupuesto anual de ventas, aunque tengas una proyección a 3 o 5 años, lo que tendrás que atender siempre de manera inmediata será tu presupuesto anual, que se debe apoyar primero en tu cartera actual de clientes y después en tus prospectos reales con posibilidades de conquistar y convertir a clientes.

En la elaboración de presupuesto te recomiendo seguir la siguiente técnica:

Considerar el 80/20 de tu cartera actual y definir el % de penetración que tienes en la misma. Esto te dará idea del potencial de crecimiento que tienes en tu negocio actual y te dará una guía para proyectar las ventas, sobre todo las acciones www, del siguiente año. Ejemplo:

Clientes	Ventas año anterior	% de Market share	Potencial de crecimiento %	Acciones	Presupuesto próximo año.
1	95	75 (14.5)	15	www	109
2	85	85 (14.74)	5	www	89
3	85	90 (15.61)	3	www	87
4	80	70 (11.4)	20	www	96
5	75	60 (9.18)	30	www	97
6	70	50 (7.14)	40	www	98
Total	490	72.54 %	17.5 %		576

Tabla 1: notas: en la columna de "% de Market share" el primer número es la penetración de directa con cada cliente y el numero entre paréntesis es la penetración ponderada para tu grupo de clientes 80/20. El potencial de crecimiento está estimado en que llegues a una penetración de 90 % con cada cliente. En la columna de "Acciones" las www significan "What-When-Who" es decir, que debes tener súper claro que vas hacer, y cuando, con cada cliente para ganar la parte del negocio potencial que te falta con cada uno, estas acciones son específicas para cada cliente y, dado que son tus principales clientes, lo esperado es que tengas claras cuáles son estas acciones, si no es así, entonces lo que es claro es que tu tarea con ellos es investigar que necesitas hacer para incrementar el negocio.

Con el ejercicio anterior ya tienes una proyección anual de tu 80/20, mi recomendación es que hagas una proyección similar con el resto de clientes y con tus prospectos, así tendrás la proyección completa para definir de manera muy realista tu presupuesto anual, claro, estas proyecciones se deben hacer entre todos los involucrados, empezando por cada uno de los vendedores y los gerentes de ventas y marketing al menos, de esta manera se garantiza el compromiso de todos para llegar a las metas presupuestadas.

KPI's y Reuniones de seguimiento

Una vez que están definidas de manera conjunta las metas del próximo año, es importante definir los indicadores que te ayudaran a saber, en el día a día, si vas por buen camino o no, estos indicadores se conocen como KPI's (Key performance indicators = Indicadores clave de desempeño), es común ver que se considere al resultado de ventas como uno de estos KPI's, mi recomendación es que busques indicadores preventivos y predictivos, es decir, indicadores que se anticipen al resultado y no indicadores basados en resultados, estos últimos son meramente estadísticos y una vez que se obtienen ya no hay nada que hacer al respecto, por lo mismo también podríamos llamarlos "postmortem", lo que queremos es estar monitoreando indicadores que me digan si voy en el camino correcto hacia la obtención del resultado planeado o no, pero con la mayor anticipación posible, para así poder corregir el camino a tiempo, si es el caso, y asegurar que llegare al resultado. Ejemplo: si mi meta es bajar de peso, un indicador clave no sería estarme pesando en la báscula todos los días por la mañana, ese sería el resultado de otras acciones como cumplir con la dieta y hacer la rutina de ejercicio recomendada, entonces mis KPI's para este objetivo serian al menos 2; el primero sería checar que todos días este cumpliendo con la dieta recomendada y el segundo seria checar que cada día este cumpliendo con la rutina de ejercicio definida, si cumplo con estos KPI's al 100 % seguramente el resultado va a ser el presupuestado, bajar X número de kg de peso en determinado tiempo, de lo contrario, si no estoy cumpliendo al 100 % con ambos KPI's, lo más seguro que el resultado tampoco sea el presupuestado, lo interesante y útil es que estos KPI's me pueden anticipar el resultado desde el momento mismo en que los empiezo a medir, y por lo mismo me pueden ayudar a tomar medidas correctivas a tiempo.

Los KPI's para cada empresa seguramente serán diferentes y van de la mano con el "Sistema de ventas" de la empresa en cuestión, normalmente van ligados a cada etapa del mismo sistema.

Ejemplos de KPI's de ventas:

- **Número de llamadas a clientes y/o prospectos por día o semana.**
- **Número de visitas a clientes y/o prospectos por día o semana.**
- **Número de presentaciones de ventas o técnicas por día o semana.**
- **Numero de cotizaciones por día o semana.**
- **Cantidad y/o monto de proyectos vivos, abiertos, cerrados por mes.**
- **Número de clientes nuevos activados por semana o por mes.**
- **Número de pruebas técnicas, destructivas, comparativas, etc. por mes.**

- **Número de eventos masivos de promoción, demostración, etc. por mes.**
- **Número de nuevos contratos cerrados por mes.**
- **Etc.**

Una vez que se han definido los KPI's para el periodo a evaluar, tu como líder del área comercial te debes asegurar de que todo mundo vea estos KPI's de menare regular, especialmente los vendedores, pues, como ya comentamos, son su GPS y sus espejos laterales y retrovisores.

Además de ya tener los KPI's y tenerlos a la vista en todo momento, es importante establecer reuniones de monitoreo, estas reuniones podría ser diarias, semanales o mensuales, depende de la naturaleza del negocio, deben ser reuniones para que todos los involucrados se aseguren de estar viendo los mismos indicadores, interpretarlos con el mismo criterio y, más importante, en caso de requerirlo, que se establezcan las acciones correctivas necesarias y se monitoree la aplicación puntual de las mismas, estas reuniones de monitoreo deben ser muy prácticas, rápidas y específicas para revisar los KPI's y acciones www correctivas, incluso, en un equipo maduro no haría falta tener este tipo de reuniones, pues con observar los KPI's cada persona sabrá si va en el rumbo correcto o no y si debe aplicar acciones correctivas o no, como ves, no solo estas involucrando a tu equipo y colaboradores en la elaboración de la estrategia, pero también les estas dando las herramientas para que sepan si se está cumpliendo o no, lo único que faltaría es que te asegures de que saben que acciones correctivas implementar en caso de requerirlas.

Entrenamiento:

Ya hemos hablado de que el ciclo de compra de tus clientes y mercado y tu sistema de ventas deben ser dados a conocer no solo al área comercial pero a toda la empresa para estar alineados y para que todo mundo hable el mismo idioma y trabaje de manera sincronizada, tu como Gerente Coach te debes asegurar de trabajar en equipo con el área de recursos humanos para que juntos diseñen planes de carrera y un programa completo de entrenamiento para tu área comercial, desde lo que se conoce como "onbording", que es el entrenamiento inicial o inducción del personal de nuevo ingreso a la empresa, hasta los diferentes planes de carrera para los diferentes puestos del área y las diferentes áreas de la empresa, este programa es vital para el desempeño y motivación de tu equipo, en él te debes asegurar de que les estas dando los fundamentos y las herramientas necesarias para que puedan ejecutar el sistema de ventas y, más importante, para que encuentren sentido a sus actividades en el día a día, es decir, debes ser capaz de ligar los valores y propósito de cada uno de tus colaboradores con los de la empresa, debes ser capaz de descubrir las motivaciones de cada uno y tratar de ligar estas motivaciones a los objetivos de la empresa, esta labor es clave, mi recomendación es que no solo hagas equipo con tu departamento de RH pero que busques la asesoría profesional de instructores certificados y probados para que te ayuden a poner tus conceptos y tu sistema de ventas en una estructura didáctica adecuada, y luego busques como facilitar el aprendizaje y adopción de la misma, para que, a la hora de transmitirla a tu equipo, les sea más fácil de entender, asimilar e implementar en un tiempo optimo, tu trabajo y el de tus supervisores y gerentes es asegurarse de que, en el día a día, cada uno de tus colaboradores este usando estos conceptos y herramientas para hacer mejor su trabajo, por supuesto que debes estar atento en mantener actualizados e ir adecuando los conceptos y herramientas a tu estrategia, la cual deberá ir cambiando de acuerdo a tu posición actual y futura en tu mercado meta, recuerda que la parte más delicada de cualquier estrategia es la ejecución y esta se deriva de la habilidad para comunicarla de manera efectiva y luego de la habilidad para irla midiendo y dando la retroalimentación adecuada a cada participante en el día a día de manera eficaz y eficiente, para que, en caso necesario, se hagan los ajustes tanto a la estrategia como a los comportamientos de cada colaborador, esta parte de ir midiendo y retroalimentando es vital para el éxito de la estrategia y corresponde principalmente a los mandos medios de la organización y también se debe tener cuidado en desarrollar las habilidades necesarias para llevarla a cabo de manera eficiente.

Sistema de evaluación:

Una vez que has definido tus KPI's para el año en curso, debes dejar claro frente a todo el equipo como los iras evaluando a lo largo del año, entre más claros hayan quedado más fácil será evaluarlos, todos los involucrados sabrán, incluso por adelantado, el resultado de los mismo, tener claridad en este sentido es crítico para un buen funcionamiento del equipo y, sobre todo, para evitar confusiones y malos entendidos, parece algo trivial pero en muchas empresas si tú le preguntas a los vendedores como es su sistema de evaluación y compensación, les cuesta trabajo explicarlo o de plano te dicen que es algo muy confuso y que nadie sabe bien a bien cómo funcionan, salvo su jefe y RH. Te recomiendo que te asegures de hacer una buena definición de tu sistema de evaluación y de que todos y cada uno de tus colaboradores lo entienda a la perfección pues esto te ayudara a que se mantengan enfocados y, muy probablemente, motivados para cumplir con los KPI's, que de manera directa se deben convertir en buenos resultados para la empresa y alta satisfacción para clientes y colaboradores. Ojo, estas últimas condiciones se deben cumplir de manera directa y paralela, si no es así, considéralo como un foco rojo que se debe de atender, corregir, a la brevedad.

Recuerda siempre trabajar de la mano con tus colegas de RH para una mejor definición del sistema de evaluación, ellos tienen información, técnicas y herramientas, normalmente, para hacer que los KPI's sean claros y fáciles de aplicar, incluso formatos muy prácticos que ayudaran a todos los participantes a concentrase en el fondo y no en la forma, también los debes involucrar a la hora de presentar el plan y revisar si cada uno de los colaboradores lo entendió y se quedó satisfecho y motivado.

Planes de compensación

Los planes de compensación para los vendedores se han venido haciendo más elaborados en los últimos años, hace 25 años, cuando empecé a trabajar como Vendedor Industrial Jr. Eran muy sencillos y directos; comisión directa sobre el crecimiento de ventas o comisión directa sobre cada peso vendido, dependía del tipo de empresa para la que estuvieras trabajando, dada la alta competencia que se ha venido presentando en casi cualquier mercado, ahora los planes de compensación consideran variables como: Margen de utilidad bruta, cobranza, gastos de ventas, crecimiento en ventas, etc. Te recomiendo que analices muy bien tu "P/L" ("profit/Lost" por sus siglas en inglés, que no es más que un estado de resultados) para definir los planes de compensación de tu equipo comercial, recuerda que tu trabajo es balancear los beneficios para todos los participantes del negocio; conseguir siempre una situación ganar-ganar, empezando por los clientes, siguiendo por la empresa y considerando también a tu equipo comercial, todos deben ver claramente su beneficio de la mano de la operación de la empresa, de lo contrario podrías estar saboteando a tu propio sistema de ventas, tu estrategia y tus resultados.

El sistema de compensación puede cambiar cada año para todo el equipo o para algunos puestos, dependerá de la estrategia de negocios vigente, toma muy en serio este último comentario, ya que es común ver que en las empresas, a pesar de tener diferentes situaciones económicas y de mercado, afinan y cambian sus estrategia pero muchas veces no adaptan sus planes de compensación y esto hace que su equipo comercial no este motivado para ejecutar de manera eficaz y eficiente dicha estrategia.

Aquí también debes involucrar a tus colegas de RH y a la alta dirección, incluso a los dueños y/o accionistas, por las mismas razones que el punto anterior, y, sobre todo, para garantizar el apoyo a tu estrategia via tu plan de compensación, el cual no debe solo considerar al equipo comercial pero, ojala, a toda la empresa, una vez más, para garantizar el apoyo y enganche de todos los colaboradores en la consecución entusiasta de los principales objetivos o KPI's de la empresa en el periodo en cuestión.

Sistema de gestión de Calidad:

Tanto tu sistema de ventas como tu programa de entrenamiento, plan de carrera, sistema de evaluación y compensación, deben quedar registrados y explicados en el sistema de calidad de tu empresa, aquí se termina de documentar y afinar todo el sistema, esto te ayuda a dar más formalidad y a ir afinando detalles de fondo y forma de dicho sistema, ya que al traducir tus estrategias y sistemas a procesos podrías encontrar algunas ambigüedades y o confusiones, también podrías encontrarte con que no lo estás haciendo de la manera más practica o que tu sistema administrativo (ERP) no tiene la capacidad para ejecutar tu sistema de ventas, por ejemplo, de aquí se deriva la importancia de que, a la hora de documentar tus sistemas, programas y procesos, siempre involucres a tu colega encargado de la gestión del sistema de calidad, él o ella también te pueden aportar herramientas que te ayuden a estructurar lo mejor posible todos tus sistemas, planes y programas, además te pueden ayudar a irlos actualizando cada vez que sea necesario.

Capitulo IV

Pilar III: Comunicación:

Un Gerente Coach debe considerar como su equipo de trabajo no solo a su área comercial pero a la organización en su totalidad e incluso a sus clientes y proveedores, debe considerar a todos estos participantes como elementos de un solo sistema o ecosistema y se debe ocupar en que se produzca entre ellos la mejor interacción posible, tomando como base y punto de partida una comunicación efectiva a lo largo y ancho de la organización y, mejor aún, del ecosistema identificado.

Si se tiene bien definido e implementado el sistema de ventas y este está en coherencia con la cultura y estructura de la empresa, y además está bien documentado en el sistema de gestión de calidad, no será difícil que haya una comunicación efectiva y por tanto que se genere un trabajo en equipo de manera eficaz y eficiente.

La Cultura organizacional: esta tiene como pilares la misión, la visión y los valores de la empresa y, en teoría, los hábitos y acciones de los colaboradores en el día a día deberían reflejar o ejemplificar estos pilares organizacionales de la empresa, la realidad es que muy pocas empresas, independientemente de la madurez de las mismas, muestran plena coherencia entre sus postulados de "Misión-Visión-Valores" y el comportamiento cotidiano de las personas que las forman, y esto es responsabilidad directa del equipo gerencial y, específicamente, de su nivel de comunicación y ejecución de la estrategia, dentro de la cual un elemento clave es el sistema de ventas.

Las habilidades de comunicación:

Como ya lo comentamos en páginas anteriores, aunque estemos vendiendo productos muy especializados, al final del día vamos a tratar con una o varias personas, tanto al interior de nuestra organización como al exterior con los clientes, las cuales, independientemente de la tarea asignada respecto a la adquisición de nuestros productos o los de la competencia, también tendrán algunos criterios de decisión, algunos motivadores especiales, su propia personalidad y su propio estilo de comunicación y aprendizaje, entender estos aspectos te puede dar una gran ventaja respecto a tu competencia y, sobre todo, te ayudara a hacer más fácil y placentero tu trabajo cuando estés tratando con tu equipo de soporte.

Este capítulo está construido para que lo uses como referencia no solo para mejorar la comunicación en tu trabajo pero también en tu vida personal, te recomiendo que lo repases tanto como puedas y, sobre todo, que trates de poner en práctica todas las recomendaciones.

Para aumentar la efectividad en tu comunicación te recomiendo escuchar de manera empática, ser lo más directo y objetivo posible, ser asertivo, usar el mejor canal de comunicación con tu interlocutor y buscar siempre acuerdos ganar-ganar, confirmando los acuerdos siempre con acciones www.

¡Qué fácil se dice! ¿Verdad? Solo cinco líneas.!!!!

Bueno, la verdad es que no es nada fácil llevarlo a la práctica, de hecho uno de los problemas más comunes en cualquier organización; empresarial, familiar, religiosa, deportiva, etc. es precisamente la falta de comunicación efectiva, una de las leyes o máximas de la comunicación es que esta se da aunque no haya intención, es decir, es inevitable, aun sin decir una sola palabra estas comunicando y mandando un mensaje, más adelante entenderás porque y como sucede esto.

Partamos entonces repasando las leyes o máximas de la comunicación:

- **La comunicación es inevitable.**
- **La comunicación efectiva parte de la escucha activa o escucha empática.**
- **El nivel emocional de la comunicación condiciona el nivel racional.**
- **La responsabilidad de la comunicación es del emisor no del receptor.**
- **El mensaje real es el que recibe el receptor no el que manda el emisor.**

Espero que al explicar estas leyes te ayude a clarificar los conceptos expresados en las cinco líneas del párrafo de comunicación efectiva.

- **La comunicación es inevitable.**

Solo piensa y observa con detalle cualquier interacción entre dos o más personas, aun sin intercambio de palabras hay mensajes de por medio, seguro recuerdas las películas de Chaplin cierto? bueno esto sucede porque todos tendemos a interpretar o juzgar lo que vemos, esto lo hacemos por instinto, cuando vemos algo o a alguien nuestro cerebro inmediatamente empieza a pasar la imagen por los diferentes filtros; culturales, emocionales, racionales etc., y entonces saca conclusiones, es decir, un mensaje decodificado a través de todos los filtros. Diferentes estudios descomponen el mensaje en los siguientes elementos:

Lo que decimos. (Palabras)	**7 %.**
Como lo decimos.	**38 %**
Lenguaje corporal o no verbal.(posturas y gestos)	**55 %**

- **La comunicación efectiva parte de la escucha activa o escucha empática.**

La escucha empática parte de la empatía, que en términos generales podemos definir como, no solo ponerse en los zapatos del interlocutor pero, más importante y más difícil, caminar en sus zapatos, tratar de entender cómo piensa y siente y porque, solo así podremos entender mejor y decodificar el mensaje que nos quiere transmitir, solo entonces podemos transformar el oír en escuchar y el solo escuchar en escuchar de manera activa y empática, aquí es en donde entra la práctica de escuchar para entender y confirmar lo entendido "parafraseando", al parafrasear estoy traduciendo lo que escuche a mis propias palabras y si obtengo una confirmación de parte de mi interlocutor entonces ya se logra la magia de una comunicación efectiva pues se logra que ambos entendamos lo mismo aun con diferentes palabras.

Algo adicional que podemos decir es que la empatía se debe dar en ambos sentidos pues de lo contrario no funciona, puede haber un esfuerzo por ser empático en un sentido pero si el otro no está dispuesto entonces no se podrá dar una comunicación efectiva, es como no contestar la llamada o como no contestar de recibido y entendido un correo electrónico, para que se genere la empatía en ambos sentidos se debe establecer confianza para que se hagan a un lado todos los filtros y prejuicios y ambas partes se puedan concentrar en el contenido de la comunicación, cuando decimos "todos los filtros" hablamos de los filtros intelectuales y emocionales que están ahí porque se han formado a lo largo de nuestra historia de vida, tanto privada como profesional, y solo dejan de actuar si hacemos consciencia de ellos y de manera voluntaria los ponemos a un lado para concentrarnos en nuestro interlocutor y el mensaje que le queremos transmitir o que nos quiere transmitir, algunos autores los sugieren y explican como: detener el dialogo interno para escuchar al otro.

- **El nivel emocional de la comunicación condiciona el nivel racional.**

Si uno de los interlocutores no tiene la intensión y la disposición de entender, automáticamente bloquea y distorsiona el mensaje. Como Gerente Coach y Vendedor Consultor debes asegurarte de que esto no suceda con tu interlocutor o detectarlo a tiempo y buscar cambiar su actitud y disposición, despertando su interés y luego ganando su confianza poco a poco, una señal clara de que existe algún bloqueo o de que tu mensaje no está llegando a tu interlocutor es la falta de acción de parte de él o ella, si detectas esto debes indagar más y encontrar las verdaderas razones por las cuales no hay una respuesta o por las cuales tu mensaje no está llegando, normalmente es falta de confianza, y esta solo se puede ir ganando poco a poco con el tiempo y siendo muy estricto de tu parte en la definición y el cumplimiento de acuerdos.

- **La responsabilidad de la comunicación es del emisor no del receptor.**

Como Gerente Coach o Vendedor Consultor, es tu responsabilidad comunicarte de manera efectiva con tu equipo, clientes o prospectos, debes hacer un esfuerzo para entender, primero, sus estilos de comunicación, sus intereses, sus criterios de decisión, sus preocupaciones en las cuales tu estrategia y tácticas o tu producto-servicio puede tomar un papel relevante, una vez hecho lo anterior entonces debes conseguir el tiempo necesario para trasmitir tu "mensaje de valor" y procurar que este mensaje sea un "Mensaje CCCC" es decir: Claro, Corto, Concreto y Cierto. También se dice fácil pero no es lo común, pero si quieres ser buen comunicador o efectivo en tu comunicación debes hacer pasar por este filtro de las cuatro C's a todos tus mensajes o al menos a los más importantes antes de lanzarlos al canal de la comunicación.

- **El mensaje final y real es el que recibe o entiende el receptor no el que manda el emisor.**

De aquí la importancia de parafrasear y proponer acciones www que confirmen que el mensaje se he entendido, obtener un acuerdo que implique una o varias acciones www es la confirmación y conclusión de una comunicación efectiva, como Gerente Coach o Vendedor Consultor este es uno de los puntos clave para conseguir la colaboración de tu equipo o cliente o prospecto en cualquier iniciativa, proyecto o estrategia, o para hacer más corto el ciclo de venta y cerrar más negocios que tu competidor.

El receptor tiene varios filtros o barreras que entran en juego cuando está recibiendo o decodificando el mensaje que le está transmitiendo el emisor, su historia de vida y su dialogo interno, como Gerente Coach o Vendedor Consultor debes anticiparte a estos filtros y asegurarte de que no son un impedimento para llevar a cabo tu propuesta y mover a la acción a tu contraparte, colaborador o comprador.

¿Que son las acciones www?

Bueno, es muy común en la comunicación que se expresen acuerdos o acciones que se quedan un poco o un mucho en el aire, ejemplos:

- **Ok, luego nos vemos para comer y discutir los términos de compra.**
- **Está bien, hacemos las pruebas la próxima semana.**

- **Nos hablamos la próxima semana.**
- **Debemos terminar la tarea en el Q1.**

Son frases y "acuerdos" que se quedan muy abiertos, ambiguos, indefinidos sin un verdadero compromiso y realmente son ejemplo de una comunicación poco efectiva porque nos llevan a malos entendidos, confusiones y retrabajos en la comunicación, porque cuando nos damos cuenta de que nos faltó definir la acción específica (What), la fecha específica (When) y el responsable o responsables directos (Who), tenemos que regresar a tener otra reunión u otra conversación para aclarar estos tres aspectos, o al menos alguno de ellos, en la o las acciones a seguir.

Como Gerente Coach o Vendedor Consultor debes acostumbrarte a que cada actividad que planees este enfocada a mantener y/o desarrollar a tus principales colaboradores y proyectos y a qué cuando estés haciendo los acuerdos correspondientes con tus interlocutores, a ambos les quede claro el mensaje y dejen acordada la siguiente acción www.

¿Cómo traduciríamos los ejemplos de acciones no www en acciones www que pusimos líneas atrás?

- Ok, luego nos vemos para comer y discutir los términos de compra. = **Ok, nos reuniremos tu y yo el próximo viernes a las 2 pm en el restaurante de enfrente para comer, discutir y acordar los términos de compra.**

- Está bien, hacemos las pruebas la próxima semana. = **Esta bien, el miércoles de la próxima semana a las 10 am te doy oportunidad de que hagas las pruebas con el supervisor en turno.**

- Nos hablamos la próxima semana. = **Te llamo el próximo lunes a las 10 am para confirmar el pedido.**

- Debemos terminar la tarea en el Q1.= **Vamos a terminar la tarea antes de que termine el primer trimestre, para lo cual debemos hacer un plan de acción www con todos los involucrados, ese plan de acción www debe ser elaborado por nosotros dos y lo debemos presentar el próximo Viernes.**

Como te puedes dar cuenta es muy fácil dejar los "acuerdos" al aire o sin esta definición de las www, sobre todo en nuestra cultura Latina en donde se evade un poco el compromiso bien definido y la mayoría de los acuerdos y conversaciones se quedan en suposiciones, en una falsa confianza, en una supuesta buena voluntad, apoyadas en supuestas buenas relaciones y luego tienen que venir más reuniones, llamadas, correos etc. para aclarar todo lo que se pudo y se debió haber dejado claro en la reunión frente a frente o en la conferencia que ya se tuvo y para la cual todos los participantes invirtieron tiempo y recursos.

Comentamos en algunas páginas anteriores que una de las funciones claves del Gerente Coach o Vendedor Consultor es comunicar el valor de su estrategia, idea, producto o servicio de manera adecuada, aquí podemos complementar señalando que para comunicar valor de manera efectiva es importante entender y definir, incluso acordar cuando se trata de trabajo en equipo, el mejor canal a usar en el proceso de comunicación, si estoy tratando con un colaborador o cliente con quien ya tengo establecida cierta confianza a raíz de haberle comprobado y cumplido mi promesa de valor y beneficios, entonces podré abordar este tema de manera directa y podre llegar a acordar con él o con ellos cual es mejor canal de comunicación y ser más efectivos ambos en nuestro siguiente proyecto, por el contrario, si se trata de un colaborador nuevo o prospecto al que estoy tratando de integrar a mi equipo o convertir en cliente, entonces si debo esforzarme más en descubrir por mi cuenta cual es el mejor canal de comunicación para él o ellos.

Entonces, como Gerente Coach o Vendedor Consultor debes asegurarte de tener reuniones efectivas, en donde practiques la comunicación efectiva con tus interlocutores para que también seas mucho más efectivo en concretar más proyectos o cerrar más y mejores tratos, una prueba de que estas siendo efectivo es que siempre obtengas como resultado de tus reuniones y conversaciones una o varias acciones www.

Trabajo en equipo

Para ser efectivo al trabajar en equipo es muy importante ser efectivo en la comunicación al interior del equipo, y un Gerente Coach o

Vendedor Consultor siempre debe tratar de trabajar en equipo con sus colegas de la empresa en todas las áreas de soporte y, no siempre fácil y mucho menos natural, con sus clientes. Todos los temas que ya vimos respecto a la comunicación tienen aplicación a la hora de tratar de trabajar en equipo y lo vamos a hacer más evidente al describir las características de un equipo de alto desempeño, que sin duda es un equipo que sabe trabajar junto aprovechando todas las capacidades de sus integrantes.

Un equipo de alto desempeño se caracteriza por:

- **Porque hay plena confianza entre sus integrantes.**

Es decir que hay apertura total de cada miembro para con los demás, hay una exposición total de las fortalezas y de las debilidades de cada uno, hay un conocimiento intimo o casi íntimo de todos, se dicen y hacen las cosas de frente, aceptando y respetando las diferencias de opinión y estilos de comunicación.

- **Porque no hay miedo a enfrentar y resolver conflictos.**

Es decir que no se promueve ni se acepta la falsa armonía, todos se esfuerzan por ser asertivos sin temor a que las diferencias lleven a rupturas o posturas de intolerancia, se cuenta con una disposición a la negociación y se acepta el no estar de acuerdo al interior del quipo pero hay el compromiso de aceptar y seguir a término las decisiones del equipo como propias aun si alguien no está del todo convencido.

- **No hay miedo a la vulnerabilidad entre ningún miembro del equipo.**

Se entiende que todos tenemos fortalezas y debilidades y que estas últimas pueden representar nuestro punto o puntos débiles, en un equipo maduro y de alto desempeño los integrantes se deben sentir protegidos por los demás y no deben tener sus miedos o puntos débiles ocultos al resto del equipo, al contrario, se exponen para que los demás lo sepan y protejan al colega.

- **Todos son responsables.**

Todos tienen una alta habilidad y capacidad de respuesta, no existen o no se aceptan excusas ni pretextos como: no entendí o no me quedo claro o no me dio tiempo, como respuesta, si algo no está claro se busca clarificar antes del tiempo límite y se obtiene respuesta en tiempo y forma de todos y cada uno de los integrantes, las tareas no se retrasan, al contrario se simplifican al máximo y se llega en equipo a resultados en tiempos más que aceptables, lo cual permite al equipo cubrir más tareas o proyectos, y todo con el mínimo estrés posible para todos y cada uno de los colaboradores.

- **Todos se enfocan al resultado del equipo no a su propio resultado.**

El resultado es el que se planteó como objetivo del equipo o de la empresa, no el de cada integrante o el de cada área, todos buscan ser lo más eficientes posible para aportar al gran resultado incluso por encima del propio, las empresas maduras compensan a las apersonas por el resultado de toda la empresa no solo por el de la persona o el de una área específica. Ojo, si hablamos del área de ventas, los Vendedores, al cumplir con sus cuotas correspondientes ya están aportando al equipo, incluso se ve más claro si un vendedor sobrepasa su cuota ventas, pues la parte extra que está vendiendo servirá para cubrir el déficit de ventas de algún otro vendedor, hago esta aclaración porque como Gerente Coach debes asegurarte de cada vendedor se enfoque en cubrir primero su cuota y luego en colaborar de alguna manera con el equipo, por ejemplo, compartiendo buenas prácticas y casos de éxito con el resto del equipo o, incluso los puedes motivar para que entrenen a vendedores con menos experiencia, habilidades y/o resultados.

¿Qué papel juega la comunicación en estas 5 características de un equipo de alto desempeño?

Bueno, no puede haber confianza, ni total entendimiento si no hay empatía entre el equipo, no puede haber afectividad si no hay confianza, no puede haber un enfoque al resultado y una exigencia de máxima responsabilidad si hay miedos y agendas ocultas y comunicación poco efectiva.

Negociación:

Negociar en términos generales es resolver conflictos y llegar a acuerdos, visto así es una actividad que no solo el Gerentes Coach y los Vendedores pero cualquier persona en cualquier ámbito practica todos los días frente a diferentes situaciones, en la negociación existen algunas máximas como:

- **En la vida y en cualquier situación uno no obtiene lo que merece pero lo que negocia.**
- **Siempre estas negociando aunque tú no seas consciente de ello.**

Sin duda la negociación es una situación en donde las habilidades de comunicación son fundamentales para tener éxito, sobre todo la parte de comunicación asertiva pues si no eres capaz de decir "no" a condiciones desfavorables para ti o tu empresa seguramente estarás aceptando un acuerdo poco favorable para alguna de las partes involucradas y, por lo tanto, no sustentable, es decir sin futuro, dado que te generará incomodidad y/o perdidas, y tendrás que regresar a "re-negociar" los términos y probablemente se generará un conflicto en la relación.

Bueno, ya estamos de lleno en el tema!!!, lo que busco con esta parte es hacerte consciente de que las habilidades de comunicación son un pilar fundamental para que tengas un alto desempeño como Gerente Coach al trabajar en equipo y al negociar, y que es tu obligación ser proactivo y prepararte lo mejor posible en estos temas, aquí ya te he dado algunas bases y recomendaciones para la comunicación en general y ahora te presentaré algo más específico acerca de la negociación.

Como Gerente Coach lo que quieres es hacer acuerdos www y negociaciones ganar-ganar siempre, para ser más explícitos en este término debo decir que estos acuerdos y negociaciones o tratos deben ser de beneficio mutuo para todos los participantes de tal manera que no contengan ningún tipo de conflicto presente ni futuro, así estarás garantizando que el acuerdo o trato tendrá una duración de largo plazo y ayudara a fortalecer la relación personal, entre ambas personas y organizaciones o partes involucradas.

Una de las máximas que te presente líneas atrás; "Siempre estas negociando aunque tú no seas consciente de ello" es como la comunicación, es inevitable, si no eres consciente de esto, lo más probable es que siempre estés aceptando tratos o acuerdos en donde tú estás perdiendo y cediendo más que la otra parte, o simplemente no estas obteniendo todos los beneficios posibles en estos tratos o acuerdos, por lo tanto, el primer paso que debes dar como Gerente Coach es ser consciente de que siempre que estés interactuando con un colaborador o con tu cliente o prospecto estas negociando algo o preparando la siguiente negociación, más adelante te voy a presentar una recomendación y ejemplo de cómo prepararte mejor, por ahora lo más importante es que te quede claro que debes ser proactivo en este tema, es decir, que debes tomar la iniciativa y asumir la responsabilidad y el compromiso para negociar, esto te dará una ventaja no para que tu ganes y tu colaborador o cliente o prospecto pierda pero si para que obtengas las mejores condiciones y hagas que tu estrategia o idea o negocios tengan futuro en el largo plazo, así como mantener y desarrollar relaciones interpersonales también de largo plazo y de buena calidad.

Así es que dentro de tus principales actividades debes tener claro cuando y como vas a negociar, esta actividad debe ser parte básica y recurrente de tu agenda, si no es así, lamento decirte que probablemente no estés teniendo los mejores resultados en la implementación de tu estrategia o en la ejecución de tus proyectos dentro y fuera de la empresa.

Cuando es el momento adecuado para negociar? bueno, ya lo mencione varias veces, la respuesta es siempre, bueno para ser más práctico, como ya lo mencione también, debes ser proactivo y aprovechar todas las coyunturas que se te presenten en el tiempo y también debes aprovechar los vencimientos de plazos en acuerdos o contratos o cotizaciones, en más de 25 años de experiencia he visto que la actitud más común de parte de los Gerentes y Vendedores es que no se aprovechen estas oportunidades y simplemente se mantengan las condiciones para "no incomodar al cliente" o no "abrir la puerta a la competencia", es entendible que existan estos temores y más en nuestra cultura latina en la que nos cuesta trabajo ser directos y decir que no, cuando se presenta esta situación lo que podemos comprobar es precisamente la falta de preparación, no solo en habilidades de comunicación pero también en el conocimiento de mi equipo o de mi producto y el de mi competidor, en el conocimiento del mercado, en el conocimiento del valor que realmente estoy ofreciendo a mi colaborador o los beneficios reales y tangibles que mi cliente está obteniendo de mi producto y/o servicio.

Ejemplo de negociación en Ventas:

En las "negociaciones" normales la discusión se centra en el precio del producto, y esto se da porque normalmente los que sí están preparados para negociar son los compradores, a quienes por cierto se les llama negociadores en algunas organizaciones maduras, y para ellos lo más fácil y practico es centrar la discusión en el precio y obtener un descuento adicional, y digo lo más fácil porque su tarea es documentar ahorros y de esta forma no tienen que documentar prácticamente nada, solo presentan la nueva cotización y el descuento de esta se refleja en los cheques firmados al proveedor y listo, bien, pues esta es una típica negociación ganar-perder en donde el Vendedor y su empresa terminan cediendo un poco más de margen de ganancia, lo grave de esto es que si no se corrige el acuerdo, más temprano que tarde el proveedor tendrá que bajar la calidad del producto y servicios anexos para seguir subsistiendo o simplemente dejara de surtir o empezara a quedar mal en todo lo anterior, afectando de manera importante al cliente y ocasionando gastos y costos extras que seguramente superaran a los "ahorros" que este último cree que consiguió en su última negociación y entonces lo que tenemos ahora es un conflicto para ambas partes y una situación perder-perder, en donde una vez más tanto el comprador como el vendedor tendrán que invertir tiempo para tratar de llegar a un nuevo acuerdo, este tipo de situaciones se presenta por la falta de una comunicación asertiva en ambos sentidos, sin embargo quien tiene la responsabilidad de que esto no suceda, siendo asertivo y efectivo en la comunicación, es el Vendedor, cuando esto sucede ya tenemos no a un Vendedor pero más bien a un Vendedor Consultor, no es lo más común pero en algunas organizaciones maduras también podemos encontrar compradores que son asertivos y efectivos en su comunicación y se aseguran de hacer tratos ganar-ganar y de largo plazo, sin embargo quiero insistir en que es responsabilidad del Vendedor Consultor asegurarse de que esto suceda, para lo cual te propongo las siguiente técnica:

"No concentrarse en el precio pero si en todos los aspectos del trato"

Ok, ¿cómo lo hacemos?

Tanto el comprador como la competencia normalmente buscan llevar la conversación al tema del precio y cuando mucho algunas condiciones comerciales, como el plazo de pago y el lugar y costo de la entrega. Como Vendedor Consultor tú te debes asegurar primero de entender que es lo que realmente representa valor para tu cliente, y ojala que lo puedas cuantificar, y luego hacerlo evidente y tangible.

Todo lo que tú y tu empresa hacen; gastan, invierten, etc., para añadir valor al producto y/o servicio, para este fin, lo que he desarrollado junto con los colegas con los que he tenido la fortuna de colaborar en los últimos años, es una "Tabla de valor agregado", en esta tabla se incluyen todos los gastos e inversiones que tú y tu empresa hacen para tu cliente, desde luego que debes asegurarte de que efectivamente representen valor para tu cliente y que tu competencia nos los pueda hacer o por lo menos no los esté haciendo, además de que sean reales y comprobables y, lo mas importante, que tu cliente los confirme, valide y acepte como beneficios.

Ejemplo:

Para entregar el acero que requiere mi cliente para su proceso, mi empresa ha hecho y seguirá haciendo los siguientes gastos e inversiones:

Valor agregado	2014	2015
Entregas semanales en planta: $ 1,500 c/u X 50 semanas	$ 75,000.00	$ 82,500.00
Financiamiento a 60 días: 0.5 % /mes/1,500,000 de saldo promedio.	$ 180, 000.00	$ 180,000.00
60 días de inventario en mi almacén: $ 2,000,000 * 1 % por mes	$ 240, 000.00	$ 240,000.00
Pruebas destructivas para control de calidad: Una por entrega = 50 pruebas / $ 3,000/prueba	$ 150,000.00	$ 157,500.00
Cambio de materiales por errores en los pedidos: 2 cambios por $ 500,000 c/u	$ 200,000.00 en fletes y re trabajos	0
Total	$ 845,000.00	$ 660,000.00

Es importante señalar que mi empresa tiene invertidos $ 3,500,000.00 en capital de trabajo para atender a tu empresa y que los costos al productor este año subieron 3.5 %.

Con lo anterior quiero hacer tangible la inversión y compromiso que tenemos con tu empresa para mantener sus niveles de producción con la calidad y oportunidad que les demanda su mercado y solicitar que el precio de nuestro siguiente contrato incluya un ajuste de 3 % efectivo a partir del próximo mes y que tenga vigencia por un año.

Bueno, ya me fui hasta la cotización, sin duda que nuestros compradores están preparados para estos argumentos y más, pero es nuestra obligación como Gerentes Coaches y/o Vendedores Consultores documentar y hacer tangibles todos los gastos, costos e inversiones que estemos haciendo para ayudar a nuestro cliente a llegar a sus objetivos, esto no se consigue de la noche a la mañana, tenemos que hacer nuestra tarea y prepararnos, de otra forma estaremos siempre cediendo más y más margen de nuestro producto hasta que se acabe, y créanme, más temprano que tarde, se nos va acabar !, porque los costos, no solo de materias primas pero de servicios anexos y necesarios, siempre están subiendo, y esto lo puedes comprobar de manera muy fácil y directa revisando como se ha movido la inflación en tu país y en el mundo en los últimos 10 años para no ir tan atrás, entonces si tú no has tomado la precaución de ir ajustando tus precios, lo más seguro es que tu margen de utilidad se haya erosionado de manera importante en estos mismos años.

Si tu como buen Gerente Coach y/o Vendedor Consultor te has preocupado y ocupado en entender a detalle tu producto y el de tu competencia y conoces también a detalle las necesidades de tu cliente y del mercado en el que se mueve, ya tienes una gran ventaja que debes aprovechar a tu favor, si además conoces las particularidades de tu Comprador en términos de comunicación y toma de decisiones, y has generado y establecido una buena relación y confianza con él a través del tiempo por haberle ayudado con su trabajo en el pasado, entonces tienes todos los elementos y herramientas para armar no solo una tabla de valor agregado pero todo un expediente que te permita tener conversaciones de negocios efectivas y cuando se trate de ajustar precios te será muy fácil obtener lo que necesitas para seguir siendo un buen proveedor o, porque no decirlo, el mejor proveedor para tu cliente, bajo acuerdos ganar-ganar para ambas partes.

Cabe señalar que en cuestiones de negociación también es importante que identifiques desde un principio cuál es tu posición frente a tu comprador, es decir que tanto poder de negoción puede haber en ambas partes, siendo más específico, que tan importante es para cada parte mantener la relación y el negocio con la otra parte y cuanto se puede ceder o no para este objetivo, esta parte, si la tienes clara y confirmada te da la ventaja de decidir que tanto tiempo y esfuerzo quieres invertir en la negociación, en función de esta variable, tu inversión puede ir desde preparar y mandar por correo la siguiente cotización en términos de aviso de ajuste precios hasta tener que prepararte con meses de anticipación y tener varias reuniones con diferentes contactos tanto de tu organización como la de tu cliente, incluso puede darse el caso que las reuniones y/o conversaciones no solo se tengan que limitar al ámbito local pero también se tengan que llevar a cabo con contactos a nivel internacional, todo dependerá de lo que ya comentamos líneas atrás y del tamaño del negocio y la importancia de la relación entre ambas partes, también del tamaño y madurez de ambas empresas.

En resumen, como Gerente Coach y/o Vendedor Consultor debes ser proactivo y tomar la iniciativa para negociar aprovechando todas la coyunturas posibles que se te presenten, debes estar preparado en todo momento y debes documentar lo más posible todo lo que tú y tu empresa hacen en términos de inversiones y/o gastos y, más importante, en términos de valor agregado para tu cliente, de esta manera no dejaras que la conversación o discusión se centre en el precio pero si en todas y cada una de las partes que componen el trato, lo cual siempre te va a dar ventaja y te ayudara a facilitarle a tu cliente la decisión y justificación de seguir haciendo negocios juntos, además de que ayudara a fortalecer las relaciones interpersonales de los involucrados.

Recuerda:

- **En la vida y en cualquier situación uno no obtiene lo que merece pero lo que negocia.**
- **Siempre estas negociando aunque tú no seas consciente de ello.**

El no ser consciente de estas premisas hace que los vendedores, en vez de estar haciendo tangible el valor agregado que entregan a

sus clientes, lo vayan regalando a cada paso o visita o entrevista y al final lo único que dejan para "negociar" es el precio.....

Preguntar y Escuchar

Antes de aventurarte a hacer una propuesta de valor o tratar de documentar cualquier beneficio que tu creas que estas entregando a tu organización, a tu equipo o a un cliente, primero debes investigar y entender muy bien cuáles son las necesidades y/o problemas o preocupaciones de tu contraparte, y para esto es muy útil que sepas hacer preguntas y luego que sepas escuchar, no solo con tu oídos pero con todos tus sentidos, recuerda que las palabras son solo el 7 % del mensaje, debes poner atención a todo el lenguaje corporal, debes tomar notas y luego parafrasear y finalmente confirmar con propuestas de acciones www. No tengas miedo de preguntar, no supongas nada, recuerda que la peor pregunta es la que no se hace, la recomendación aquí es que hagas la mayor cantidad de preguntas abiertas para obtener información y solo algunas cerradas para confirmar, tú debes llevar la conversación con las preguntas, solo asegúrate de que estas sean de importancia para ti y para tu cliente, te recomiendo que antes de cada entrevista hagas una lista de preguntas y trates de responderlas poniéndote en el lugar del cliente, piensa en que le gustaría a tu cliente que le preguntaras para hacerlo sentir que te interesas de manera genuina en su situación, sus problemas, sus proyectos y/o su negocio, teniendo especial cuidado en no hacer preguntas obvias o cuyas respuestas sean públicas y/o de conocimiento común, pues correrás el peligro de aburrir o hacer sentir a tu contraparte que está perdiendo el tiempo contigo.

Antes de empezar a hacer preguntas a tus interlocutores, te las debes hacer a ti mismo, preguntarte que te gustaría que te preguntaran si tú fueras el cliente o prospecto, como te gustaría que te ayudaran, como te guastaría que aprovecharan tu tiempo durante esa entrevista.

Tu habilidad para hacer preguntas estará directamente relacionada con la posibilidad de entender las necesidades de tu cliente y esto te ayudara a engancharlo o no en la conversación y a tener o no materia prima para hacer propuestas de valor.

Pregunta, escucha y anota, pregunta para entender la situación actual, para entender el problema o área de mejora, las implicaciones y la urgencia de cambiar.

Parte fundamental de tus herramientas del Gerente Coach y de Vendedor Consultor son las preguntas, tu capacidad de escucha empática y tu cuaderno o herramienta para tomar notas, sin el uso y desarrollo de estas herramientas te será difícil plantear propuestas atractivas para tu organización, clientes y/o prospectos, así es que te recomiendo que las desarrolles al máximo, empezando por practicarlas con tus compañeros de trabajo y luego probarlas en cada entrevista con tus mejores clientes, es decir con los que has desarrollado suficiente confianza como para que estén dispuestos a contestarte y explayarse en las respuestas a tus preguntas de exploración.

Cualquier persona que se sienta escuchada estará dispuesta a compartirte más información, si demuestras interés genuino en entender a tu interlocutor estarás generando más confianza, si te ven tomar notas también estarás generando más empatía, después de esto, es muy importante que cumplas cualquier compromiso para cerrar el círculo y avanzar en tu relación con tu interlocutor, ya sea un compañero de trabajo, algún miembro de tu equipo o tu cliente.

Hacer un buen trabajo en el área de preguntar-escuchar-anotar te puede llevar a que tu cliente te diga con claridad cuáles son sus áreas de preocupación prioritarias y, de manera ideal, a que el mismo te confirme cual es la solución de valor que espera que tú le ofrezcas y/o ayudes a implementar, la clave está en el tipo de preguntas que hagas.

Hay todo un espectro de tipos, formas, objetivos de preguntas de las cuales podrías echar mano, aquí una vez más la recomendación es que reúnas a tu equipo de las diferentes áreas de soporte y a tus mejores vendedores y hagas un ejercicio de "lluvia de ideas" con el objetivo de generar las mejores preguntas posibles de acuerdo a la variedad de clientes y productos-servicios que quieras posicionar en términos de propuestas de valor y/o soluciones para los problemas reales o potenciales de tu cliente o contraparte, al final tendrás una colección de preguntas que podrás compartir con tu equipo de ventas, principalmente, la cual podrán usar para entrenarse y tener más

confianza y seguridad a la hora de hacer preguntas a sus cliente
y prospectos de diferentes tipos y en diferentes circunstancias, la
idea es que al menos una vez al año actualices y enriquezcas esta
colección de preguntas y te sirva como una herramienta dentro y para
tu sistema de ventas.

Capítulo V

Pilar IV: Coaching de Ventas

El concepto de "Coaching" se empezó a poner de moda tal vez hace ya una década, en México lo empezamos a escuchar cada vez más apenas hace algunos años, en realidad es un concepto que tiene que ver 100 % con liderazgo, digamos que es parte de la evolución del liderazgo, implica el encuentro de las personas conscientes de su desarrollo que quieren y buscan crecer y aprovechar al máximo su potencial con la ayuda de las personas con mayor experiencia y que también son conscientes de que su labor no es enseñar el camino, ni enseñar a caminar pero si ayudar a otras personas a decidir por donde quieren caminar, tomando como base no solo un ¿porque? pero también el ¿para qué? quieren caminar por una u otra ruta.

Como sucede con muchos conceptos y temas, cuando se empiezan a popularizar también corren el riesgo de empezar a degenerarse, siendo así que actualmente escuchamos la palabra "Coachear" por todos lados y aplicada sin la formalidad adecuada, así pues, en nuestro ámbito, es común escuchar como algunos colegas dicen "Voy a Coachear al vendedor o al equipo" o tenemos a directores que le piden a los gerentes que "Coacheen a sus equipos" o que les den "Coaching", todo esto sin una formación previa a las personas y a la organización, sin un desarrollo a nivel personal que lleve a los participantes a tomar consciencia y asumir la responsabilidad de sus de su potencial y desarrollo, cuando estos factores; "Tomar Consciencia y Asumir la Responsabilidad" son la clave para llegar al pico de desarrollo y para que se dé el mayor nivel de interacción en el concepto de "Coaching", pues, idealmente la persona que ya tiene consciencia de su potencial y posibilidades de desarrollo es quien busca, encuentra y solicita la ayuda de un "Coach" y este evalúa, de acuerdo a su perfil propio y el de la persona que le hace la petición; el o la "Coachee", si acepta o no hacer la labor de "Coach", en base a las posibilidades reales de éxito que pueda prever.

Hablando de una organización en donde se espera que el Gerente o los Gerentes desarrollen su liderazgo al nivel de "Coaching", tiene que ser tratado con mucho cuidado y deben ser tomados en cuenta diferentes aspectos en el desarrollo de las personas y de la organización en su conjunto, de lo contrario estaríamos contribuyendo a la degradación del concepto de "Coaching".

En primer lugar se debe educar a toda la organización en los conceptos de comunicación y liderazgo, y se debe dar el tiempo para que esta educación, y sobre todo las técnicas y herramientas seleccionadas para su aplicación, maduren y se vean aplicadas en el día a día, lo ideal es que se pueda tener evidencia de que la efectividad en comunicación y liderazgo formen parte de la cultura de la empresa, que ya sean hábitos arraigados en el comportamiento de las personas que conforman la organización, de lo contrario, hablarles de "Coaching" será como estar dando clases de Poesía en español a un grupo de personas que solo hablan Alemán, es decir que se entenderá poco o nada y más bien provocara desinterés y pérdida de tiempo entre la organización.

Con esto te quiero decir que no será fácil y que hay que invertir tiempo y esfuerzo para llegar, como organización, a este nivel, sin embargo, es un tiempo y esfuerzo que podrá dar a tu organización la posibilidad de desarrollo al más alto nivel, tanto como organización como a nivel personal y una vez que hayas empezado a incorporar estos conceptos y el desarrollo de los mismos como parte de la cultura de tu organización, no hay vuelta atrás y también podrás ver como el compromiso, los deseos de participación e involucramiento, la autogestión y autodesarrollo se vuelven temas y hábitos observables en cada una de las personas de tu equipo y de tu organización, lo cual puede llevar los resultados a niveles muy por arriba del promedio y, súper importante, los niveles de clima laboral y satisfacción personal también llegaran a niveles extraordinarios.

Dicho lo anterior, Tu como Gerente Coach debes proponer la incorporación de todo un programa de desarrollo organizacional que no solo incluya los entrenamientos técnicos básicos y los planes de carrera pero también estos dos grandes temas; "Comunicación y Liderazgo" pues son las bases para que la organización y cada una de las personas que la integran puedan entender y aplicar el concepto de "Coaching".

No te alarmes, esta tarea no te la puedas asignar a ti solo, debes hacer equipo con tu jefe, el director general, y el staff gerencial, sobre todo con la o el responsable del área de Recursos Humanos, pues es el área responsable de definir e implementar los programas de entrenamiento, planes de carrera y, en general, del desarrollo de la organización, incluso puede o debe tener a una persona dedicada 100 % a este tema.

Una vez que la empresa ya está desarrollándose en el tema de la comunicación efectiva y en el tema del liderazgo, ahora si puedes empezar a hablar del concepto de "Coaching", al menos a nivel del Staff gerencial, pues son los primeros que deben entender y adoptar este concepto y ponerlo en práctica para permearlo al resto de la organización.

En términos generales, los síntomas que se deben observar en la organización, para estar seguros de que esta evolucionado en materia de comunicación y liderazgo, son:

- Una mejora en el clima laboral.
- Mayor eficiencia en el trabajo en equipo.
- Mejora significativa en los resultados.
- Menor rotación del personal., sobre todo en puestos gerenciales.

Lo cual es consecuencia directa de una mayor satisfacción laboral a nivel personal, si aún no se están observando estas características en la organización, significa que aún hay mucho trabajo por hacer a nivel básico en ambos temas.

Entonces, una vez más, la recomendación es empezar por hacer una evaluación acerca de cómo está la empresa y, sobre todo, sus líderes en mataría de comunicación y liderazgo, lo normal es que haga falta cierto nivel de desarrollo y se tenga que diseñar y ejecutar un programa para complementar y crecer a todos los colaboradores en estos dos temas, insisto mucho en que se debe poner especial atención y enfoque en desarrollar al equipo gerencial y mandos medios porque de ellos dependerá en muy buena medida el que estos conceptos puedan permear al resto de la organización, estas dos materias o variables; comunicación y liderazgo, te servirán para la fácil implementación de cualquier proyecto en cualquier área de la empresa, por supuesto que podrás ver su utilidad en el diseño e implementación de la estrategia corporativa de la empresa, y por lo tanto es muy importante que no los pierdas de vista y que te asegures de que formen parte, en la medida que sea necesaria, de tus programas de inducción (onboarding), entrenamiento, planes de carrera, KPI's, etc. pues si de algo estamos seguros, es que no son temas ni materias que se cubran en ninguna escuela o universidad como parte de las materias o asignaturas regulares o curriculares, ni estas ni las materias relativas a ventas, por lo tanto eres tú y tu organización, quienes las deben cubrir a la brevedad por el bien del desarrollo y resultados buscados en tu estrategia de negocios.

Una vez que ya tienes las bases para diseñar e implementar una estrategia de negocios y programas complementarios o de refuerzo, podemos regresar al tema de "Coaching comercial", en donde vas a necesitar un alto nivel de comunicación y liderazgo en tus gerentes y/o mandos medios, dependiendo el tamaño de tu organización, pues son ellos los que en el día a día y en el campo llevan a la práctica o no la labor de Coaching sobre el equipo de ventas, entonces, de aquí se deriva, que vas a necesitar el diseño e implementación de un programa de desarrollo de Coaching para el equipo de gerentes y/o mandos medios, pues el Coaching, para hacerse bien, tiene que ser entendido desde sus bases hasta sus herramientas de aplicación, de otra manera podrías estar, una vez más, contribuyendo a la confusión y degradación del concepto, además en este programa debes aprovechar para homologar criterios, herramientas y hasta vocabulario en tu equipo gerencial y, por consecuencia, en toda tu organizaron, desde aquí estarás contribuyendo y, si lo haces de manera eficaz y eficiente, garantizando el éxito de la empresa y de cualquier estrategia o programa que quieras llevar a la práctica, regresando otra vez a tus gerentes o mandos medios en el área comercial o de ventas, el desarrollo debe empezar desde la selección de cada persona que desempeñara este rol, debes trabajar a consciencia, junto con tus colegas de RH, en el diseño y definición del perfil de puesto de tus líderes de ventas, llámense gerentes y/o supervisores y/o coordinares, etc. Desde aquí ya estarás filtrando la posibilidad de éxito o fracaso, no solo de la estrategia y resultados del área comercial, pero de la organización y de las personas que la integran, pues siempre habrá características y experiencia básicas necesarias en las personas para desarrollar ciertas funciones, en este caso, la labor de liderar a tu equipo de ventas, si desde el principio, selección y contratación, fallas en asegurarte de que las personas posean estas características y experiencia, entonces estarás poniendo en riesgo el éxito y resultados de la estrategia general de la empresa y de la estrategia particular del área de ventas.

Dentro de las caracterizas y experiencias relevantes del perfil de tus líderes de ventas se encuentran:

- **Básicas obligatorias: (25 %)**
  - o   INTEGRIDAD.
  - o   Accountability (confianza, disponibilidad, fiabilidad).
  - o   Capacidad-habilidad de Escucha empática.

- **De ventas: (20 %)**
  - o   Capacidad para ofrecer a los clientes visión y/o perspectivas únicas.
  - o   Capacidad para adaptar propuestas de valor, de acuerdo a las necesidades y prioridades de los clientes.

- **De Coaching: (21%)**
  - o   Guiar a los vendedores para adaptar propuestas de valor a necesidades y prioridades de los clientes.
  - o   Mostrar-modelar-enseñar a los vendedores como tomar control en la relación y/o conversación con su clientes, de manera asertiva.

- **Administrativas (12%)**
  - o   Gestionar recursos.
    - ▪ Asegurar el apego y cumplimiento del proceso de ventas.
    - ▪ Tomar acciones correctivas.

- **Estrategicas-innovacion: (22%)**

- o   Generar nuevas formas de resolver problemas a nivel y al momento de la negociación.
- o   Innovar en la parte de propuestas de valor.

Dadas estas características, es importante invertir todo el tiempo necesario para la selección y reclutamiento de los líderes de ventas, por la razones explicadas líneas atrás, pues es común encontrar en las organizaciones una falta de capacidad y/o experiencia de los líderes de ventas, incluso en la parte básica, la cual debería será obligatoria incluso para cualquier colaborador de cualquier área y nivel dentro de la organización.

Es común encontrar que las organizaciones asuman erróneamente que los vendedores más talentosos o de mejores resultados en ventas, automáticamente, pueden ser buenos gerentes o líderes de ventas, este error lleva a las organizaciones a perder buenos vendedores y a tener malos gerentes y líderes de ventas, que a su vez las lleva a tener malos resultados en ventas y a incrementar la rotación de personal en el área comercial. Por esta razón insisto mucho en invertir el tiempo y recursos necesarios para la definición de puesto; incluyendo perfil y funciones, de los líderes de ventas o comerciales, una vez hecho esto, la parte de selección y reclutamiento será más fácil y con mayores probabilidades de éxito.

Una vez que se tiene a las personas con el perfil y la experiencia adecuados, solo hay que complementar la formación, principalmente en la parte de Coaching e innovación para cubrir completamente el perfil e incrementar las posibilidades de éxito en el desempeño y resultados.

No hay que perder de vista que la organización debe estar alineada, en términos de misión-visión-valores-KPI's-planes de compensación a la estrategia y sistema de ventas, pues de lo contrario, no servirá de mucho tener líderes de ventas ni vendedores de alto nivel, pues habrá más bien confusión y frustración en estos, por la falta de coherencia entre las exigencias de la empresa y las facilidades o dificultades que esta ofrezca para la realización del trabajo diario.

Tu rol como Gerente Coach de ventas no incluye hacer todo el trabajo para la implementación de tu estrategia de ventas, como vimos a lo largo de esta obra, se necesita de la colaboración, en el más amplio sentido, de todas las áreas de la empresa, incluyendo y de manera sobresaliente, al director general y a los líderes de todas las áreas de soporte, tu puedes y debes influir de manera relevante para que el área de ventas sea la punta de lanza y las demás áreas se alineen a tu sistema de ventas, esto ayudara tanto a la implementación del sistema como a los resultados de toda la organización.

Te deseo el mayor de os éxitos en tu trabajo y, si decides implementar tu propio sistema de ventas, espero sinceramente que esta obra te sea de mucha utilidad en t proyecto.

Gracias ¡!!

Bibliografía

o   Los 7 hábitos de la gente altamente efectiva.

o   Las 5 disfunciones de un equipo.

o   Los 4 acuerdos.

o   El quinto acuerdo.

o   Ser, hacer y tener.

o   El rinoceronte.

o   Life strategies.

o   Spin Sales.

o   Cuaderno de trabajo Spin Sales.

o   Solution selling.

o   The new strategic selling.

o   The dolarization discipline.

o   The challenger sale.

o   In search of happines.

Filmografía:

o   Erin Brockobich.

o   En búsqueda de la felicidad.

o   Atrapame si puedes.

o   Remenber the titans.

o   El silencio de los inocentes.

o   El lobo de Wall Street.

Datos de contacto:

Oscar Albarran Beltrán
Oscar_albarran_beltran@yahoo.com.mx
https://www.linkedin.com/in/osca-albarran

www.ingramcontent.com/pod-product-compliance
Lightning Source LLC
Chambersburg PA
CBHW021438170526
45164CB00001B/300

* 9 781506 525921 *